Fahrenheit 24

Fahrenheit 24

Joni Järvi-Laturi

© 2024 Joni Järvi-Laturi
Kustantaja: BoD · Books on Demand GmbH, Helsinki, Suomi
Kirjapaino: Libri Plureos GmbH, Hampuri, Saksa
ISBN: 978-952-80-8364-1

Sisällysluettelo

i

I

7

Maailmanpallo

Tervetuloa Maailmanpalloon.

On Eurooppa, on Pohjois-Amerikka, on Etelä-Amerikka, Aasia, Arabia, on Afrikka ja vielä muutakin.

Osastojen aika. Osastojen sisällä osastoja ja niiden sisällä lisää osastoja.

Ajassa on kiinnostavaa myös sen valtavuus ja sen pienet, yksityiskohtaiset osat.

Teksti-tv:n kaikki osat, teksti-tv:n tekstit.

Älypuhelimen kaikki osat, tekstiviestien tekstit.

Älypuhelimiakin on satoja miljoonia. Kaikissa pienet osat.

Elokuvateattereiden paljous. Istuimet, vaikkapa 250 jokaisessa. Pelkästään yhdessä. Suomessa.
Katsojat näkevät elokuvan kello 19.30.

On baareja, miljoonia. Niissä kaikissa omat juomansa ja tietysti kuohuvaa olutta kaikissa.

On kylpylöitä, hotelleja, ravintoloita, toisistaan eroavia, satoja tuhansia maailmassa.

YouTubessa on miljoonia videoita, kanavia. Videoiden alla kommenttiketjuja, joissa on paljon kommentteja.

On rakennuksia ja katuja. Kaupungeissa on elämän kiertokulku. Kaikki olennaiset osat suuressa kokonaisuudessa.

Pelkästään Hervannassa asuu jotain 25 000 ihmistä.

Tampereella on varmaan ainakin 150 000 rakennusta.

Suomessa on kymmeniä tuhansia järviä ja metsissä kasvaa noin 14,5 miljardia puuta.

On suomalaista musiikkia, sitä on tehty niin paljon viimeisten kahden vuosikymmenen aikana että se tulvii meidän yläpuolelle.
Kaikilla mailla on omat tapansa, omat tunnelmansa, omat sisäiset tunnekokonaisuudet ja maita on yhteensä 193.

Kaikissa niissä omat, ihanat ruokaperinteet, erilaiset painotukset siihen mitä ruokaa he tekevät ja miten.

On autoja, junia, metroja, lentokoneita erittäin paljon.

On matkoja, lentokentältä poisastumisia, lentokenttään menemisiä. Todella paljon.

Urheilua, elokuvia, tv-sarjoja enemmän kuin koskaan. Todella, todella paljon.

Tervetuloa Maailmanpalloon.

2009

(Muisto niistä ajoista)

Loskainen talvinen jalkakäytävä.

Psykoottinen kaupunki,
uninen ja keskenään kytköksissä oleva
synkkä betoninen arki.

Mustat kirpparimekot kaduilla.

Pyynikin arki.

Tuuli rieppuu läpi
Tampereen kaupunginosia
ja arki lentää kuin musta räkä
kohti puhtaita, valkeita lakanoita.

Me opettelimme arkea,
tiskiharjaa ja pesuainetta
kadonneiden, salaisten keittiöiden
uumenissa.

Pääsimme katsomaan rakennuksia.

Työväenluokan nostalgia.

Naistenlehtien ja runokirjojen tekstit jo 14 vuotta vanhoja.

Voisin vannoa
että ajalla oli oma luontaisolemus,
oksien tuoksun, haisevan takin
ja kalsareiden kauniissa köyhyydessä.

Yhdeksän elämää

(NineLives)

Ensimmäinen elämä:
Muistan syntyneeni sairaalassa,
tilastot kirjoitettiin alkuun,
henkilötunnukseni, sukupuoleni, pituuteni ja painoni,
virallisessa mielessä.

Toinen elämä:
Kaikkein pahin aika elämässäni,
oli 2004-2008,
mieli pirstaloitunut,
maailma ympärillä julma,
sillä aina kun maailma näkee virheen,
se huomauttaa siitä julmasti,
minussa oli paljon häpeää,
nykyään se aika tuntuu kauniilta surulta,
sillä olin kuitenkin viaton.

Kolmas elämä:
Todellisen elämän takana
on tuhansia suruja, romansseja ja intohimoja,
vaikka olen ollut täällä,
olen salaa surrut ja rakastanut jossain muualla.

Neljäs elämä:
Värien elämä, ah!
Joskus hetket ovat niin täynnä jännittävyyttä,
että tasainen elämä
tuntuu aivan tylsältä,
sain kokea teatterin ja takahuoneen,
runouden ja baletin,
tasaisuuden vastakohdan.

Viides elämä:
1990-luku, suuri rotko
ennen 2020-lukua,
niin erilainen kuin nykyaika,
että se on käsittämätöntä,
kaikki, siis, aivan kaikki,
oli silloin ikimuistoista,
kaikki oli viattomampaa,
jääkiekkokenttien huuruiset illat,
Tampere oli suuri, jumalainen perhe.

Kuudes elämä:
Muutamassa vuodessa kaikki muuttui,

kaikki järjestyi mielessäni,
tajusin kaiken, oman tyhmyyteni,
katsoin elokuvia uudella tavalla,
opin maailmasta lisää,
säännöt olivat muuttuneet,
elämä alkoi kohtelemaan minua
paremmin,
ennen olin putkiaivo,
nykyään huomaan ja arvostan värejä ja vivahteita.

Seitsemäs elämä:
Nykyään 2000-luku tuntuu erilaiselta,
siitä on tullut nostalgisempi,
koin 2010-luvun nostalgian ennen
2000-luvun nostalgiaa,
outo vuosikymmen,
tapahtuessaan ruma,
paljon myöhemmin kaunis,
olen jo unohtanut sen surut, murheet, kivut.
Kahdeksas elämä:
Nuoruus, koin penkkareiden,
yliopistopirskeiden,
vasemmistolaisuuden ja gallerioiden
paljoudet, mutta vähän kauempaa.

Yhdeksäs elämä:
Instituutioista, käytävistä,
luokkahuoneista, sairaaloista,
labroista kohti omannäköistä elämää,
kunpa saisin kokea naisen ja teatterin,
ja kuolla ajatellen ihania asioita,
elämä voi tarjota helvetinmoisen hienot pirskeet,
ja olla ihanan suuri kertomus,
täynnä juovuttavia lukuja.

Laulu vuosisadasta

Ystävyys -
Istua talon pihalla isoveljien kanssa
Polttaa tupakkaa
Sivussa
Kaupungista ja ruuhkasta
On loppuilta.
Ylhäällä taivas.
Kanavat.

Viihde -
Halu kokea uudestaan.
Mitä muutakaan kuin sohvalla.
Olemme onnellisia.
Emme keksi parempaa.
Sitä tekee parhaansa.
Mutta kyllä matkakin kelpaa.
Onko kaikilla hyvä olla?
Elämän vanheneminen on vieläkin ihanaa.

Nostalgia -
1990-luku oli niin erilainen maailma.
Että sitä on vaikea uskoa todeksi.
Tuijotamme sitä nyt seuraavat 77 vuotta.
Katsotaan mitä sen jälkeen.

Rakkaus -
Satojen tuhansien ihmisten kodit
Niissä viihdepaketit televisioissa
Säihkyvät valoina joka puolella Tamperetta
Rakkauden ja turvan kuningaskunnassa.

Nautinto -
Televisio valtava,
Pullollaan erilaista tarjontaa,
Putoan ihanaan virtaan,
Mietin voinko näin hienoa olla
Tunnit nopeita
Ihanan nopeita
Mä haluan kokea sen vielä uudestaan.

Kirkkomme

Kirkkomme on siellä
missä hain sinut rautatieasemalta.

Kirkkomme on siellä
missä palasit kymmenen vuoden jälkeen.

Kirkkomme on hetki
ennen melankolista kaupunkimatkaa.

Kirkkomme on jälleenlöydetty isosisko,
hetki ennen lähtöä junaan.

Kirkkomme on kotini,
jonka sinulle tarjoan
ennen kun lähdemme kohti kaupunkia.

Kirkkomme on kyyneleet
sateisena iltana
moottoritien
ja lentokentän symbioosissa.

Kirkkomme on haikea suru,
kaikkien nuoruutemme
odotuspaikkojen
yläpuolella.

Ja elämäsi rakkauden
tapasit sinä aamuna.

15

II

2008

Ulkona sataa.
Nukun mielisairaalassa.
Joku käy ulkona.
Hoitaja tupakalla.
Joku kulkee alueen metsää.
Syrjässä.

On yö.
Ennen kaikkea.
Tampere on edessä.
Vuodet ja vuosikymmenet.
Elämä kuin maalaus.
Niin paljon siihen tullaan maalaamaan.
Kaikki värit.
Ja jonain päivänä se kaikki.
Muuttuu kauniiksi muistoksi.
Niin vanhaksi.

En tajua vielä mitään.
Elämä utua.
Tampere syksyineen tulossa.
Ihmiset syksyjä.
Verhoja, ikkunoita, huoneita.

Minä kaipaan sitä surua.
Niin tyhjää, niin unohtuvaa.
Minä kaipaan menneisyyttä joka oli kuin unta.
Juuri unessa elämä on runoutta.
Elämä on yleensä tasaista, ei runoutta.
Ulkona sataa.
On niin yö.
Niin unhoinen.

Maailman öisin yö.
Maailman kaunein pimeys.
Maailman syrjäisin reuna.

Runo yhteisöllisyydestä

Ihmisiä vilisee täällä.
Välillä ehdimme katsoa elokuvan.
Jopa päivällä.

Joskus illalla kun monet pääsee töistä.
Tämä talo, huoneita siinä on 40.
Asumme yhdessä, kaikki neljä.
Naapurissa on Kramer.
Hän on niin kiinnostava hahmo ettei häneen kyllästy.

Vien pian pyykkipussin äidille.
Kadulta saa hedelmiä kaupasta.
Pian meidän pitäisi mennä dineriin syömään aamupalaa.
Jätin luistimet kassissa yhteen paikkaan.
Pitää hakea ne sitten kun ehdin.
Nyt on kesä, sitten vasta talvi.

Kramerilla on taas bisneksiä.
Hän on kertonut tupakkakaupasta.
Sieltä saa edullisia keskikokoisia sikareita.
Odotan muiden kanssa injektiolla.
Meidän pitää odottaa siellä kolme tuntia.
Tuon sinne usein dvd-elokuvia.
Puhumme siellä usein jalkapallosta ja jääkiekosta.

He sanovat että syön liikaa suklaata.
Nyt kolme miestä tulee korjaamaan television.
Pitää viedä pian neljä roskapussia ulos.

Kramerilla on bileet.
Hän tulee metrolla tänne sikarit mukanaan.
Kuubalaisiakin tulee.
Kuulemma puhumaan maailmanpolitiikasta.

Twin Peaks

Miksi käytävällä oli vieras mies?
Oletko nähnyt häntä?

Täällä on paljon ihmisiä, jotka ehkä tietävät jotain.
Täällä on paljon omituisia kytköksiä.

Jossain tapahtuu jotain.
Luultavasti metsässä öisin.
Mysteeri joka kuorruttaa kaupunkia.
Ystäväni ehkä tietää.
Mutta sinä sanot ettei hän lopulta tiedä.

Tähän kylään liittyy historia.
Se ulottuu vuosikymmenten taakse.
Asiat ja ihmiset eivät ole sitä miltä näyttävät.

Missä näit hänet viimeksi?
50 000 asukasta, niin monta epäiltyä.

Jokaisesta kansiosta paljastuu aina uusi yhteys.
Jossain on lisää salaisia kansioita.
Jokin suurenmoinen paljastus.

Kylä on turkoosi, pehmeä.
Kuppi kuumaa kahvia maistuu jumalaiselta.

Autot kulkevat tehtaalle yön aikaan.
Kartta auttaa tutkimuksessa.
Buddhalainen uni, aamu metsässä.

Illalla täytyy mennä tyhjälle tehtaalle.
Kylän ihmisissä on kaksi puolta.
Pelottavaa.

Eyes Wide Shut

Yö kulkee koko ajan eteenpäin.
Kun istun makuuhuoneen lattialla vasten seinää ja ikkunaa.
Kukaan ei näe meitä eikä meidän keskustelua.

Lähdet kauas naamioiden yöhön.
Kauaksi minusta.
Kuin odysseia.

Taksikuskit ajavat ja olet liikkuvan auton sisällä.
Takapenkillä.
Eikä kukaan taas näe sinua.
Olet kuin piste ison sillan päällä, autossa.
Ja kaupunki välkkyy.
Kaupunki joka ei koskaan nuku.

Naamiokauppa on yölläkin auki.
Laitamalla on naamiojuhlat.
Kuin kaupungin yläpuolella.
Silmät.
Sinua seurataan muttet tiedä miksi.
Sairaalassa tuijotat kuollutta naista.
Jokainen esittää roolia.

Aamu on jotenkin erilainen.
Selviytynyt yöstä.

2195

Muistatko kun me oltiin,
yöllä käytävällä,
keskellä nukkuvaa cityä,
syrjässä ja rakennuksen sisällä.

2020, Pitkäniemi,
2020, Pitkäniemi.

anelit multa tupakkaa,
pinkeissä kalsareissasi,
kävelimme koppiin
ja sitten menimme nukkumaan.

yön sisäpuolella.

ei ole valokuvaa niistä ajoista,
ei ole valokuvaa niistä ajoista.

nyt on kulunut 175 vuotta,
olimme 2020, sisällä, sisäpuolella aikaa,
vuotta, vuosikymmenen alkua.

yön sisäpuolella,
yön sisäpuolella.

III

Kuvaus sodasta

Niissä huoneissa oli paljon elämää.

Vuosi 2011 oli jännä.
Nuoruus kuhisi kaupungissa.
Kaiken yllä oli mustaa.
Mustaa galleriaa, mustaa teknoa, mustia klubeja.
Silloin kun kukaan ei vielä tajunnut.

Loputtomat hetket huoneissa.
Niitä ei enää ollut.
Ne tyhjenivät sodan alussa.

20 vuotta myöhemmin sotilaat kävelivät Helsingin jalkakäytäviä.
Näit ne kellariravintolan ikkunasta.
Kaduilla oli isänmaallinen tunnelma.
Juoksit kohti naissotilasta joka oli ystäväsi.

Sait seksiä naiskokilta kellariravintolassa. Se halusi lapsen. Sodan takia sait naista. Sota sai
kansan kiimaiseksi.
Ja banderollit hulmusivat Keskustassa.
Sodassa.
Kaikki menneisyytesi ihmiset kytkeytyivät yhteen.
Palasivat.
Heidän kasvonsa kirkastuivat mielessäsi.
He olivat nyt ystäviä.

Se hehkui heidän silmissä.
29
Naissotilaiden, miessotilaiden.
Elämää suurempi isänmaa.

Neljäkymmentä vuotta myöhemmin.
Muistit yhä kellariravintolan vuonna 2011.
Muistit sitä kaiholla.
Kun kävelit Calaisin rantaa.

Hoiva

Hoiva on kaunista, hoiva on kristillistä,
silloin rakastaa jokaista ihmistä

Sentimentaalisuus on kaunista,
sentimentaalisuus on kristillistä,
silloin tuntee inhimillisyyttä.

hoiva, hoiva, hoiva,
hoiva, hoiva, hoiva

sillä se ei ole aggressiivisuutta

sillä se on vammainen, vammainen,
vammainen, vammainen,
vammainen, vammainen,
joka tuo esiin samanlaisuuden.

sillä se on vammainen, vammainen,
vammainen, vammainen,
vammainen, vammainen
joka tuo esiin samanlaisuuden.

Herkkyys on kaunista, herkkyys kristillistä,
silloin ymmärtää toista ihmistä.

He ovat kaikki murusia,
joita pitää suojella.

Hoiva, hoiva, hoiva,
hoiva, hoiva, hoiva

sillä se ei ole aggressiivisuutta
sillä se on vammainen, vammainen,
vammainen, vammainen,
vammainen, vammainen,
joka tuo esiin samanlaisuuden.

sillä se on vammainen, vammainen,
vammainen, vammainen,
vammainen, vammainen
joka tuo esiin samanlaisuuden.

tuo esiin samanlaisuuden, rakkauden, aitouden...

ASMR

Agentti Cooper ajaa Twin Peaksiin,
ihastelee tuhansia puita,
unelmoi kahvista ja
kirsikkapiirakasta.

Metsässä karttataulu
kertoo Tiibetistä,
aamu ja
arjen kahvit ja donitsit
pöydällä.

Paistan kanaa
ja keitän jasmiiniriisiä,
se on niin pehmeää
ja hyvää.

Olen käynyt metroissa
ja rakennuksissa,
vessoissa
ja sairaaloissa.

Biljardi tuo hyvän olon,
kihelmöinnin sisällä,
kuin sade
tai vesiputous.

Tai terästehdas
jossa haisee poltettu metalli.

Olut kuohuu hanasta,
ehdimmekö ostaa
kaikki tuotteet
supermarketeista.

Meitä yhdistää tiedonjano.

Googletamme illalla.

Hetken saa lillua
toisen sielussa,
muttei kauan,
ei saa nauttia liikaa,
kerralla.

Laulu unohdetusta kauneudesta

Kävelemme sateessa.

Paperitehtaan piiput vierellä.

Sateenvarjo kädessä.

Jostain kuuluu laivan kumea ääni.

Tihkusade laskee,
tuuli tuulee.

Nämä ovat pysähtyneitä hetkiä,
jonkin sisällä.

Ajattelen risteilyä,
keskustelumme tyyneyttä.

Kaukana meistä
on ihmisiä,
jotka eivät ymmärrä tätä.

Eivätkä myöskään meren hiljaista liikettä.

Olemme pysähtyneitä.

Tässä hetkessä.

Meren läheisyydessä.

Kukaan ei kuule eikä huomaa meitä.

IV

Ennen presidentinvaaleja

(kuvaus kauneudesta)

Nuori mies, nörtti, syrjässä,
ennustaa kellarissaan,
mökin alla,
ensi marraskuun vaalitulosta,
pimeydessä.

Tutkii osavaltioita,
ruudulla,
spekuloi yksityiskohdista.

Pimeän huoneen näky,
varjot ruudulla,
syrjäytyneisyys.

Ajattelen osavaltioiden vuoria,
aamuja, nuotioiltoja,
rahtijunia yöllä.

Muutaman metrin huone,
miljoonien kilometrien,
miljardien valovuosien
avaruudessa.

Kukaan ei tiedä mitä silloin tapahtuu.

Iso maailma
on pienen maailman
äärellä.

Kusilukko

puhe on vallanväline
ohjaajalla on nyt valta

paska tulee ulos suusta
paska tulee ulos suusta

ripuli, ripuli, ripuli
(ei me kontrolloida,
me vaan kontrolloidaan)
ripuli, ripuli, ripuli
(ei me kontrolloida,
me vaan kontrolloidaan)

saa ajatella erilailla
kunhan ei ääneen

tule tänne, kuntoudut
kun saan kysyä
mikset kuntoudu

puhe on vallanväline
ohjaajalla on nyt valta

paska tulee ulos suusta
paska tulee ulos suusta

ripuli, ripuli, ripuli
(ei me loukata,
me vaan loukataan)
ripuli, ripuli, ripuli
(ei me alisteta,
me vaan alistetaan)

alhaalla Jumala, pyhyys
ylhäällä polyamoria, maksuton ehkäisy

kielenkääntö rautalanka-Aliasta
(ei ne ymmärrä)
kielenkääntö rautalanka-Aliasta
(ei ne vieläkään tajua)

Lapsuuteni

Minulla oli täydellinen lapsuus.

Vuodet 1996, 1997 ja 1998 olivat täydellisiä vuosia.

Matkustimme jääkiekkojoukkueen kanssa ympäri Suomea.

Pelasimme jääkiekkokorttien seinään heittämistä. Rosvoa ja poliisia. Vesinorojen valumista
alas naapuruston asfalttirinnettä. Pelasimme sählyä pihalla. Pelasimme futista. Sisäfutis jäi
myös mieleen. Hervannan jäähalli oli maan alla. Paikallisottelut olivat jänniä pelata.
Heitimme jopa keihästä naapurustomme takapihalla.

Muistan Silja Linen reissun vuodelta 1998. Vieläkin on olemassa valokuva jossa me perhe
mietimme täynnä intoa mitä tekisimme seuraavaksi laivalla.

Katsoin paljon Jyrki-ohjelmaa. Music Television kukoisti.

Muistan vieläkin kun naapurin pojan alakerrassa Oliver Bierhoff teki ratkaisumaalin jolla
Saksa voitti Tsekin jalkapallon EM-kisoissa vuonna 1996.

Suomalainen mäkihyppypeli jäi mieleen. Vieläkin kaipaan sitä. Pelasimme kotona NHL 96-
peliä.

Hakametsän jäähallissa kuljin kaverin kanssa käytävillä. Se ei ikinä halunnut katsoa peliä
vaan kuljimme käytävillä. Muistan nuuskat katolla yhden katsomorivin yläpuolella.

Sitten oli Kaukajärven uimaranta. Kun aurinko oli vielä aurinko. Yhdistän sen jostain syystä
X Filesin 1990-luvun jaksoihin.

Niin monet muistot vilahtavat mieleen silloin tällöin. Ala-asteen englannin kirjat olisi
kiehtovaa nähdä taas. Ne ovat menneestä maasta. Muistan ostaneeni vuoden 1998 jalkapallon
mm-kisojen yhteydessä ison lehden joka liittyi kisoihin. Siinä oli esittelyt kaikista joukkueista
ja muun muassa Aira Samulinin mielipide jostain. Sitä lehteä ei varmaan ole enää olemassa
mikä on vähän surullista.

Kyllä elämä vanhenee vielä hienosti.

Mutta naapurustossa ei ole ollut melkein 30 vuoteen sitä samaa legendaarisuutta mitä 90-
luvulla.

V

Jokainen vuosikymmen on jollekin persoonallinen

Kumma juttu.
Olen vasta nyt alkanut miettimään 2000-lukua.
Esteettisesti.
Silloin tuli Gilmoren tytöt, House, 24, OC.
Late Night with Conan O'Brien.

Muistan Roger Ebertin murska-arvion Vincent Gallon The Brown Bunny-elokuvasta.
Haluaisin joskus nähdä sen taide-elokuvan.
Vaistoan että siinä on unohdettu kulma 2000-luvusta.
Vaistoan että se on nostalginen.
2000-luku oli kuin animoidun 1990-luvun jälkeinen rouhijan matka Amerikan highwaylla.
Viattomuuden jälkeen bensaa ja tulta.
Aavikolla.

Junttivuosikymmen.
Arnold Schwarzenegger oli Kalifornian kuvernööri.
Henkisen kuoleman vuosikymmen.
Paljon rumuutta.
Kaikki ne kauheudetkin ovat vanhentuneet.
Jääneet yksityiskohdiksi.
Tarinoiksi.

Kiitoa Conan O'Brienille.
Loit sukupolvikokemuksen.
Walker, Texas Ranger-vivun.

Toinen runo yhteisöllisyydestä

Talossa on tänään bileet.
Ulkopuolella on 200 ihmistä.
Talossa 150.
Kellarissa on vielä 100.
Kaikki juhlivat.
Kaikki juovat.
Muusikko esiintyy pihalla.
Minä pyörin juoma kädessä talosta ulos ja takaisin.
Muutkin pyörivät sinne tänne.
Näitä juhlia pidämme joka toinen viikko.

Aamulla heräämme.
Kaupungissa asuu 75 000 ihmistä.
Kaikki on liikkeessä.
Kaikilla on omat polkunsa.
Keskustan rakennuksissa on satoja kokoushuoneita.
Ihana markkinatalouden paljous.
Turva maksimoituna.
Ihan kaikille.
Kaikki saavat mitä he haluavat.

Ehkä tämäkin on lopulta vain henkäys.
Verrattuna Jumalan valtakuntaan.
Loputtomaan ihanaan polttavaan lämpöön.
Paikkoihin jotka ovat pelkkää rakkautta.
Loputon, pitkä ihana leikki.
Lämmin kuohuva joki joka virtaa ikuisesti sisällämme.

Ruotsalaisuuden kauneus

Suomalaiset usein ihmettelevät
miksi ruotsalaiset ovat aina parempia
kuin suomalaiset.

Vastaus:

Ruotsalaiset ovat älykkäämpiä
kuin suomalaiset.

Suomalaiset keskittyvät hypettämiseen,
ruotsalaiset keskittyvät voittamiseen.

He ovat aina edellä Suomea,
vaikka häviäisivät joskus Suomelle.

Heillä on aina se lopullinen älykkyys
jolla he voittavat Suomen.

He ovat Hannu Hanhia,
koska he ovat sivistyneempiä ja älykkäämpiä.

Heidän aksentti on hieno.

Kun on elänyt julmassa junttiperse-Suomessa,
niin ruotsalaisuus voi vaikuttaa
kuin virkistävältä drinkiltä,
joka maistuu sivilisaatiolta.

Toisaalta joka maassa on junttinsa,
ruotsalaisetkin varmaan
pitävät joskus itseään juntteina.

Itkenneet silmät

Itkenneet silmät,
ne katsovat kaikkia ihmisiä
rajattomalla lempeydellä.

Itkenneet silmät,
ne suuntaavat syvyyksiisi
tahtoen vain hyvää.

Itkenneet silmät,
niille riittää vähän,
ne lepäävät.

Rajattomassa äärettömyydessä,
merenrannan tyyneydessä.

Itkenneet silmät,
ne säälivät sitä
jolla oli ennen vähemmän
nykyään vähän,
antavat tälle
edes vähän
hymyä ja hellyyttä.

Rakkautta nopeammat koneet

Kaikki ne vuodet,
vihat kostot iskut.

Rakkaus paransi kivun petoksen nöyryytyksen.

Jäljelle jäivät katuvat silmät
jotka tuhosivat silloin elämää.

Ja häpeä siitä että kosti.

Enää millään vihalla ole enää mitään väliä.
Rakkaudella on.

Ehkä kidutetutkin sanovat:

"Älä huoli,
me olemme vielä täällä,
ja se mitä me annettiin,
se oli ilmaista"

Alexandrian runoja

Seuraajat

olen sinetöinyt itseni labyrinttiin
monimutkaisen älylliseen koodiuniversumiin
koomisen add-miehuuteni lapsellisuuksiin
olen nörttimäinen halvausmeemi

vaan vain sinussa saan rakastua
vain sinussa saan tuntea miehuutta
niin kyllästynyt julmiin sanoihin
vain sinussa näen universumini puolikkaan

lihasten puutostautiani kaikki pilkkaavat
olen koomisuuden ja vakavuuden rajoilla
seksuaalisen vallankumouksen vastakohta
olen erakko seuraten kaunista bittiavaruutta

vaan vain sinussa saan rakastua
vain sinussa saan tuntea miehuutta
niin kyllästynyt julmiin sanoihin
vain sinussa näen universumini puolikkaan

ja kuinka vihaankaan masokismiani
elämän alapuolella vailla itsepuolustusta
yhteiskunta muovasi koomisen minusta
mutta olen asioiden seuraaja

Alexandria

(yksinäisyyden, ihmisyyden putkessa)

tämä on totaalinen, definitiivinen yö
karismaattinen myrsky, nukkuvassa maailmassa
hotellini huoneesta huomaan rinnakkaisia rakennuksia
tämä on maailman ja historian definitiivinen yö

tämä on myös maailman ja historian paussi
kun kirjoitan menneisyyden kohtaamisista
tuon esille historiallisten tapahtumien syitä
ja haluan paljastaa maailmanhistorian koko keissin

varjot, varjot, sanat ja sanat, pimeydet tummat
pimeydet, kahvinmustat, kuin kahvi ois ystävä kulkeva
kulkevat historian sivuilla maailman nukkuessa unta
suuret juhlat ovat toistaiseksi epävirallisen juhlittuja

kuvittele suuri lentokone ja totaalinen forum tai agora
joissa keskustellaan virallisesti salaisista sopimuksista
ovat nämä aihioita tutkimukseeni historian väliajassa
politiikan saloista luon salatieteen tai salaseuran

kuvittele ilmeet, elekielet, rivien väliset sanat
ja elokuva kuin yön pimeässä teatterissa
käytävän jossa vierailee salapoliisi hotellissa
lentokenttä kahdenkymmenen kilometrin takana

unohdettua tietoa olen etsimässä kaikilla voimilla
koska olen löytänyt arvokkaan johtolangan
löysin sen yllättäen vanhasta mustasta kirjasta
se koskee ensimmäistä maailmansotaa ja Hollywoodia

sodan syiden teorioita jahtaan kirjoittamalla
niitä uskaltaen sukeltaa vaarallisessa hotellissa
syihin jotka näkyivät erässä kirjassa ja elokuvassa
minut saatetaan tappaa näiden asioiden takia

ajattelen puhelinkeskustelua ja live-keskustelua
ensinmainittu tapahtui ensimmäisessä maailmansodassa
toinen 1970-luvulla puhelinkopin vieressä keikalla
ja levyllä jota kuuntelin underground-olotilassa

minulla on valtava, koskettava portti Luvattuun Maahan
ja väylä historian kultaisiin portaisiin ennen pudotusta

ne sijaitsevat myös historian tarinassa ennen millenniumia
sen havina kuuluu joka puolella maailmaa ilotulituksena

kuljen pitkin mieleni satamaa, sinisten takkien sateessa
uuden ja vanhan maailman ja aikakauden rajalla
keskustelemme vakavasti rauhantekijän assassinaatiosta
ja tiedustelupalvelun kostotoimista eri valtioissa

käyn Aroma-kahvilassa ja Eilatin rannan auringossa
heijastan aurinkoa itseeni vanhentuneilla valokuvilla
syön appelsiineja suoraan Israelin hedelmäpuista
samalla kun olen Alexandrian yksinäisessä hotellihuoneessa

kuvittelen Shanghain satamasta jossa imen sisääni ilmaa
jossa tuoksuvat Kiinansisäisen logistiikan aiheuttamat liat
ja akatemiat joissa opiskellaan kuljetuksen yksityiskohtia
huomaan Shanghain sijaitsevan vain elämäni unessa

ystäväni kirjoittaa kirjaa Neuvostoliitosta
hän kertoo unesta jossa soitti minulle Moskovasta
hän oli ennen reilannut pitkin koko Eurooppaa
mutta täytettyään kolmekymmentä lähti Aasiaan

asemia, asemia, osastoja ja jaostoja, matkoja ja laukkuja
Lontoon metroasemalla kuulin eleganttia nuorisomusaa
katsoin saksofonistia joka soittaa bluesia sen tahdissa
tämä tapahtuu unen ja muiston välisessä kansiossa

ihmiskunnan väliajassa, elämän juoksuhaudassa
tämä on se paikka missä joet lomittuvat
sivilisaation välivaiheessa, elämän juoksuhaudassa
tämä on se paikka missä yhdistyvät virrat

Rakasteltu nainen

me tapasimme valtavan perheen,
lempeän kansan hetkinä
joissa viini virtasi ihmisinä
ja jossa siteet eivät helposti katkea

se tuntui hyvältä
ihanalta kuin
rakasteltu nainen

olit rakasteltu nainen
viini virtaamassa minussa
rakasteltu nainen
ihmiskohtaloiden pauhaamista
rakasteltu nainen
tuulenpuuska haavanlehdissä
rakasteltu nainen
tuntien rakastelun sielussas

me kuljimme spontaaniuden
verkossa risteilevässä
kuin globaalissa kylässä
ihmispisteiden yhdistyessä toisiinsa

se tuntui hyvältä
ihanalta kuin
rakasteltu nainen

olit rakasteltu nainen
viini virtaamassa minussa
rakasteltu nainen
ihmiskohtaloiden pauhaamista
rakasteltu nainen
tuulenpuuska haavanlehdissä
rakasteltu nainen
tuntien rakastelun sielussas

nyt olen maailman reunalla
sisälläsi, tässä illassa
mihin kaikki päätyivät
missä kaikki ovat nyt

Kaunis ikävä

Minä rakastan sinun ääntäsi
se ei enää kutsu minua sisääsi

Minä rakastan sinun tahtoasi
et enää halua olla kanssani

Minä rakastan sinun herkkyyttäsi
haluat minun jättävän sinut rauhaan

Minä rakastan sinun elämääsi
haluat edetä siinä ilman minua

Minä rakastan sinun kosketustasi
se hyväilee jonkun toisen vartaloa

Minä rakastan sinun aitouttasi
se epäilee sanojani valheiksi

Minä rakastan sinun äidillisyyttäsi
et enää halua lohduttaa ikävääni

Minä rakastan sinun vartaloasi
se ei tahdo minun olevan lähelläsi

Minä rakastan sinun kauneuttasi
et enää pidä minua niin komeana

Minä rakastan sinun valintaasi
se unohtaa minut ja jatkaa matkaansa

Kenet sinä kuulet kun matkaani jatkan,
rakkauden joka on liian täydellistä ollakseen totta?

Camaraderie solitaire

The youngest artist was the loveliest one
the youngest was the most beautiful
I adore him as a conservative American
and I want to know more about his persona

his shy fatalistic genius makes me angry
because he made me proud of all Swedes
I want to hug him because he made me cry
I want to hug him because of his tragic tears

I want him to be as moral as an artist can be
I want him to be as moral as an artist can be
I want him to be as moral as an artist can be
I want him to be as moral as an artist can be

The youngest artist was the loveliest one
the youngest was the most surprising
even though I loathe him as a person
and I despise his lack of moral wisdom

The youngest artist was the loveliest one
The youngest artist was the most beautiful
He made me feel Scandinavian pride
and innocence in the name of poetic
music

I want him to be as moral as an artist can be
I want him to be as moral as an artist can be
I want him to be as moral as an artist can be
I want him to be as moral as an artist can be

ja-de-da-da-da-daa

ja-de-da-da-da-daa

ja-de-da-da-da-daa-daa-daa

ja-de-da-da-da-da-daa-daa

Yksinäisyyden jumalatar

Ja hän laulaa eikä taaskaan kukaan voi kuulla:

"Olet viaton orava
Ja minusta
On kasvanut kettu

Ja halusit olla
Prinsessa tai kukka
Ja minusta
On kasvanut itseironinen koomikko

Muistelen armeija-aikojani,
Haluaisin katsella sinun kanssasi jääkiekkoa
Juoda muutaman kaljan,
Meillä kai oli jokin side,

Viralliset nuoret miehet

Täynnä epämääräistä rumuutta
Jota ei kauneudeksi huomata

Nörtit säätäjät

Yksinäiset silmälasipäät

Erillään

Toisesta sukupuolesta

Kuinka me kasvoimmekaan

Kuinka me ivailimmekaan
Maailmasta
Edes jonkinlaista

Meille
Vaikka olimme ja olemme
Toisistamme erillään

Ja erillään, niin erillään naisista
1990-luvun kasvattamat

Vanhan liiton kuomat

Sillä mitä miehet ikävöivät
Haikean kaunista hyvyyttä
Ovelan huumorin veljeskuntaa
Kömpelön lohduttavaa koomisuutta..."

” Ja maailma jatkaa rajua kulkuaan ja harva huomaa
Hei sinä, kettu, olen vanha kuomas, orava
Kuinka vuodet ovatkaan muuttuneet

Sinun yksinäisyytesi koskettaa
Samoin kuin ohut, nörtin rasismisi
Yksinäisen ahkeruutesi
Yksinäinen huumorintajusi
Ja älykkyys, humoristisen viisas
Kettumainen

Hän kunnioittaa yhä minua
Hän ihailee yhä minua kaukaa
Viattoman tietämättömänä
Haluan syyttää kylmiä nöyryytyksestä

Ja palkita hänet lempeällä katkeruudellani

Naiset vihaavat häntä
Ja ovat vihanneet minuakin

Samasta koulusta pakenimme
Ja olen kärsinyt kauan
Kauneuteni vuoksi
Sinä yksinäisyydestäsi

Vittuilevasta

kuminukkeasennostasi
Sen naurusta
Jota ei pidetä kauneutena

Rukoilen tätä maailmaa, niin kylmää ja julmaa
Antamaan meille edes jotain kaikkien näiden vuosien jälkeen
Ja maailman antaa meille arvonsa

Edes yhdeksi päiväksi

Sillä mitä miehet ikävöivät
Haikean kaunista hyvyyttä
Ovelan huumorin veljeskuntaa
Kömpelön lohduttavaa koomisuutta...

Tehdään yhteistyötä, vanha kuomani
Sillä yksinäisyyden jumalatar ihailee
Itseironian ja naisellisuuden liittoa”

Ja jossain orava kärsii...
Vakavana
Erossa ketustaan
Vuosikymmenien takaisesta
Lapsuudentoveristaan
Soittaen kitaraansa kuin nainen

Transmainen
Traumainen
Parkuen syvältä sisimmästä
Kuin vakavasti otettava
Pyhä taiteilija
Brunetti sielu
Miesten
Yksinäisyyden
Vakavuuden
Solidaarisuudessa

Adriana

Musta mies laulaa:
"Hyvät herrat ja naismiehet,
niin hän syntyi ja kasvoi
kansan vihasta nopeasti poies,
ja täällä hän laulaa kauniisti
Adriana, Adriana, ex-mies"

Musta mies laulaa:
"En tiennyt että hän osaa tanssia
Hän saa miehen puhumaan espanjaa
Mi ardilla, mi perfecta, mi mama, mi pequena
Adriana, Adriana"

Orava laulaa:
"Oi baby kun puhut noin espanjaa
Saat naisen hulluksi tulemaan
Ole viisas ja kieltosi unohda
Lukien kehoni kieltä vapaata:

*Olen naaraasta syntynyt,
äitini kasvattama, ruokkima
ja nyt tanssin kuin tytärten tytär,
kaunein kukka, sinua rakastava
baby, tämä on
ihanuutta"*

Mies laulaa:
"Hän on kuin sininen lilja,
kielen ja kulttuurin, slangin kujilla
poseeraten kauniille sieluille,
Muistan katkeruuden voiman ja vihan
Ja tämä on siitä kaukana
Joka työläismies rakastaa häntä
Joka nainen hylkäsi hänet
Mutta silti häntä rakastetaan
Niin paljon tässä viidakossa
espanjan kielen valtakunnassa"

Orava laulaa:
Baby, näen vartalosi liikkuvan

Ja viattomuuteni kiihottuu rakastelusta
Joita silmämme yhdessä luovat
Tehdään yhteistyötä, musikaalista
Rauhan ja rakkauden puolesta,
Kaunoa, kirjallisuutta, tanssilattialla,
Runoutta jota ei ole nähty maailmalla"

Mies laulaa:
Senorita, de Finlandia, hembra y mama,
Haluan rakastella slangien virtaa sinussa,
ja miksi rumentaa kun voi kaunistuttaa?
miksi vakavoitua ja työtä raataa,
voi rakastella palkkansa, unelmoida
erotiikkana, prinsessana, Adrianana"

En tiennyt että hän osaa tanssia
Hän saa miehen puhumaan espanjaa
Mi ardilla, mi perfecta, mi mama, mi pequena
Adriana, Adriana"

Orava laulaa:
"Oi baby kun puhut noin espanjaa
Saat naisen hulluksi tulemaan
Ole viisas ja kieltosi unohda
Lukien kehoni kieltä vapaata:

Olen naaraasta syntynyt,
äitini kasvattama, ruokkima
ja nyt tanssin kuin tytärten tytär
Olen äidistäni syntynyt,
kaunein kukka, sinua rakastava
baby, tämä on ihanuutta

Olen naaraasta syntynyt,
äitini kasvattama, ruokkima
ja nyt tanssin kuin tytärten tytär
Olen äidistäni syntynyt,
kaunein kukka, sinua rakastava
baby, tämä on ihanuutta"

Tampereella on uusi siluetti

Tampereella on uusi siluetti
se vaihtuu joka vuosikymmen
Tampereella on uusi siluetti
se vaihtuu kuin elämä itse
sukupolvet, ah, sukupolvet

Ihmiskohtalot sijaiten rakennuksessa
sen pölyiset nurkat, tahraiset pinnat
asunto on likainen kaupunginosassa
sen huoneet, portaat ja ruskeat lattiat

Tampereella on uusi siluetti...
sukupolvet, kuhisevat sukupolvet...

Olen viime aikoina kävellyt aamuisin kaupungilla
ajatellen Tampereen mielenterveyskuntoutujia
tamperelaisen nuoruuden runollista bohemiaa
jossa elämä näkyy valtavana mestariteoksena

aamuinen taivas hohtaa kuin kuinen teräs tehtaalla
tehtaat joista luodaan värejä elämään, sävyjä ja muotoja
kaikki on nostalgiaa, kaikki kukoistaa, kaikki värit sataa
unohtamatta runollisen rapistuneita housuja ja takkeja

yksityiskohtien maalauksia, täynnä kaunista hulluutta
kuin kangas johon kaikki laittavat oman mestariteoksensa
aamukävelyillä nautin Tampereen underground-tunnelmasta
jokainen tunne on ihana ja täynnä ekstaattista psykedeliaa

sosiaalisen taivaan punaista sarastusta, post-nostalgiaa
kuin eräretken aamuna ennen Aasiaan matkustamista
unelmoin elämäntarinoiden parfyymista, seinäkollaasista
elämänlankojen muotijuhlasta, poseeraavasta mallista

nuorta rap-lyriikkaa, nuorta samppanjaa, nuorta sakkolihaa,
jossain on iso patja, jossain iso peti jossa nuoret panevat
asunnoissa reliikkejä, arvokkuutta ja huoneissa salaisuuksia
ranta, nautintoa, kuunkajoa, nuorten salaista verkostoa

aurinko, auringonpaiste, elämä kauniita mielenkuvia
risteileviä akvarellin, öljyn ja pastellin sateenkaaria kuvissa
niiden alla kovakouraisen likaantuneita seteleitä lompakoissa
vanhan liiton vaihtelevaa valuuttaa, risteileviä elämänpolkuja

Joka toinen vuosi monet vaihtavat
ammatteja, asuntoja, ihmisrientoja
kukoistavia elämäntarinoiden lankoja

Ja siluetti on toinen ulottuvuus arjen takaisessa ulottuvuudessa
siellä olkoon toinen kaupunki

Tampere joka on piirretty, psykedeelisin värein
siellä olkoon toinen kaupunki
Tampere joka on maalattu, värjätty, kauniiks

Tampereella on uusi siluetti
sen vuodet ja vuosikymmenet,
Tampereella on uusi siluetti
sen sävyt, värien, kuoret ja kerrokset

____